Graciela Ines Memoli

Machu Picchu

Die Stadt der Inkas in Peru

Inhaltsverzeichnis

Einleitung

Auf einer Höhe von 2400 Metern liegt zwischen den bewaldeten Bergspitzen der Anden eine der berühmtesten Touristenattraktionen der Welt: Machu Picchu. Die Inkastadt schafft es jährlich, Reisende aus aller Welt in ihren Bann zu ziehen. Sie stellt heute ein Symbol der vorspanischen Andenkulturen dar und besticht durch ihre Größe und eine gewisse Mystik. Neben der Schönheit der Landschaft beeindrucken auch die bauliche Leistung der Inkas sowie die intelligente Nutzung der natürlichen Ressourcen. Diese Aspekte machen Machu Picchu zu einem außergewöhnlichen Ort des amerikanischen Kontinents.

Umgeben von hohen Bergen, zu deren Füßen der Fluss Urubamba durch den Dschungel fließt, liegt die Inka-Siedlung auf einem Hochplateau. Ohne Metallwerkzeuge und Mörtel errichtete die Anden-Bevölkerung Mitte des 15. Jahrhunderts eine Siedlung, die aus über 200 Häusern besteht. In nahezu dem gesamten Osten Perus sind Siedlungen, Opfer- und Zeremonienplätze sowie Tempel der Inkas zu finden. Dies gilt insbesondere für die Provinz Cusco mit ihrer gleichnamigen Hauptstadt, die das Zentrum des Inkareichs bildete.

Wikipedia

Panoramaansicht vom Huayna Picchu über die Stadt in Richtung Berggipfel Montaña Machu Picchu.

Obwohl der Weg nach Machu Picchu nicht mehr so mühsam ist wie zu den Zeiten der Inka, ist er weiterhin zeit- und kraftzehrend. Die Wanderung entlang des Inka-Pfads beginnt in der Morgendämmerung vor den Toren von Cusco. Auf einer Höhe von 3.600 Metern haben die Besucher einen beeindruckenden Blick auf verschneite Berggipfel, artenreiche Landschaften, Flüsse und eine dichte Dschungelvegetation. Nachdem sie ins Tal abgestiegen sind, erreichen die Besucher über in Fels gehauene Stufen und Terrassen die Ruinen von Machu Picchu.

Wikipedia

Die Stadt Machu Picchu von Intipunku aus gesehen.

Wissenschaftliche Entdeckung und Forschung seit dem 19. Jahrhundert

Man kann die Emotionen erahnen, die in Hiram Bingham der Anblick der Ruinen am 24. Juli 1911 hervorrief. Sein erfahrenes Auge erkannte sofort den Wert des Verborgenen. Bingham, ein amerikanischer Professor für Geschichte, suchte in den Ostkordilleren Perus die letzte Zuflucht der Inka-Könige in ihrem Widerstand gegen die spanische Eroberung. Er hatte Hinweise auf die Existenz von Ruinen erhalten.

Ein Bauer aus der Gegend und ein von den Behörden bestimmter Unteroffizier führten Bingham in das genannte Gebiet. Dort trafen sie zwei Bauernfamilien. Es war eines der Kinder, das den Wissenschaftler zu den Ruinen führte, die von Vegetation bedeckt waren. Nach einer Sichtung kehrte Bingham sofort in die USA zurück. Es gelang ihm, Unterstützung der Yale University, der National Geographic Society und der peruanischen Regierung zu

Wikimedia

Hiram Bingham an seinem Zelt nahe des Machu Picchu 1912.

erhalten, um mit wissenschaftlichen Forschungen auf dem Gelände zu beginnen. Mit einem multidisziplinären Team und lokalen Arbeitern leitete er die archäologischen Arbeiten zwischen 1912 und 1915. Zu dieser Zeit bestanden die archäologischen Untersuchungen darin, Gräber und Paläste freizulegen und zu vermessen.

Die Präsentation von Machu Picchu vor der internationalen wissenschaftlichen Gemeinschaft erfolgte 1913 in einer National Geographic-Publikation, in der die Ergebnisse der Grabungen veröffentlicht wurden. Bis heute befindet sich die peruanische Regierung in einem Rechtsstreit mit der Universität Yale über die Ausfuhr von fast fünfzigtausend archäologischen Objekten. Diese hatten das Land mit einer kurzfristigen Ausreisegenehmigung verlassen und sind bisher nicht wieder zurückgegeben worden. Bingham machte den Ort in der Wissenschaft bekannt. Von einem breiten Durchbruch hin zu einer weltweiten Öffentlichkeit konnte damals jedoch nicht die Rede sein.

Ab 1916 erhielt der Ort nur noch sporadisch Besuche. Ab 1934 förderte die peruanische Regierung Untersuchungen von Forschern aus der Hauptstadt Cusco. Hinzu kamen Restaurierungsarbeiten, die in den folgenden Jahrzehnten fortgesetzt wurden.

Lage

Machu Picchu befindet sich im archäologischen Park von Machu Picchu in der Provinz Urubamba, Departement Cusco, Peru. Der Park wurde 1981 von der peruanischen Regierung gegründet und umfasst 32.592 Hektar mit einer breiten Artenvielfalt an Flora und Fauna.

Die wichtigste nahe gelegene Stadt ist Cusco, die Hauptstadt des alten Inkareichs. Machu Picchu liegt an den Osthängen des Vilcabamba-Gebirges, dem Massiv der östlichen Kordilleren Perus. Es bildet die Grenze des Inkareichs in Richtung Amazonas. In dieser Gebirgskette befinden sich die höchsten

D. S. Crescentino

Landschaft um Machu Picchu.

schneebedeckten Gipfel der Region: der Salkantay ist mit 6.721 Metern über dem Meeresspiegel der Höchste.

Der Ort Machu Picchu liegt auf 2.438 Metern Höhe zwischen den Bergen Machu Picchu und Huayna Picchu in den Anden über dem Urubambatal. Der mittlere Teil des Tals zwischen den Orten Pisac und Ollantaytambo wird heute das „Heilige Tal der Inkas" genannt.

Die Ökoregion, in der sich die Stätte befindet, heißt Yungas. Steile Bergprofile mit bewaldeter Vegetation und reicher Artenvielfalt zeichnen die Landschaft aus. Die Region hat zwei unterschiedliche Jahreszeiten: die Trockenzeit von April bis November und die Regenzeit von Dezember bis März mit einer Niederschlagsmenge von 2000 mm pro Jahr. Die Temperaturen sind das ganze Jahr über stabil mit großen Temperaturschwankungen zwischen Tag und Nacht und kälteren Nächten in der Trockenzeit.

wikipedia stevage

Der schneebedeckte Salkantay, „Apu" der Stadt Machu Picchu.

Weltanschauung

Machu Picchu bedeutet „Alter Berg" auf Quechua – der Sprache der Inkas. Dabei handelte es sich nicht um eine isolierte Stadt, sondern um den Kern einer große Anzahl von Inka Niederlassungen, unter denen diese die bedeutendste war. Der Hauptzugang zur Stadt erfolgte über eine Straße aus Cusco, der Hauptstadt des Inkareichs.

Im 15. Jahrhundert – in einem Zeitraum von etwa fünfzig Jahren – erbaut, wird die Planung und der Bau von Machu Picchu dem Inka Pachacútec zugeschrieben. Da die Inkas keine Schriftsprache besaßen, müssen alle Erkenntnisse durch den Vergleich historischer Texte – wie etwa Chroniken der spanischen Eroberer – mit archäologischen und ethnografischen Analysen gewonnen werden. Wir gehen heute davon aus, dass die Existenz von Machu Picchu geheim gehalten wurde, weshalb die Ruinen gut erhalten sind. Die Stadt wurde Mitte des 16. Jahrhunderts freiwillig aufgegeben. Archäologische Forschungen des 21. Jahrhunderts haben ergeben, dass hier etwa 400 Menschen lebten.

Die Inkas hatten eine pantheistische Weltanschauung. Alles ordnete sich in einem heiligen Kulturraum an. Um dies zu verstehen, ist es notwendig, wesentliche Aspekte der andinen Weltanschauung zu kennen. Alle Elemente der Natur, die Sonne, der Mond, die Erde, die Pflanzen und Tiere, waren göttliche Wesen, die ein eigenes Leben haben. Die wichtigsten Götter waren die Sonne (Inti), der Mond (Killa), der Strahl (Illapa), die Berge (Apus) und der Schöpfergott (Wiraqucha). Außerdem gab es eine andere Gottheit, die bereits vor den Inkas existierte und die von der einheimischen Andenbevölkerung bis heute verehrt wird: Pachamama, die Mutter Erde.

Die Welt der Inkas wurde in drei Welten unterteilt: die obere Welt oder die Götterwelt, die untere Welt oder die Totenwelt und die irdische oder lebendige Welt. Die obere Welt „Hanan Pacha" wurde von den Göttern bewohnt und die Seelen der Verstorbenen gingen dorthin. Sie wurde durch den Kondor, dem großen Vogel der Anden, repräsentiert. Er war die Verbindung zwischen der Oberwelt und der irdischen Welt. Die untere Welt „Uku Pacha" war die Welt all dessen, was sich unter der Oberfläche der Erde und des Meeres befand, die Welt der Toten. Das Tier dieser Welt war die Schlange, die für die Inkas das Unendliche darstellte. Die irdische Welt „Kay Pacha" war der Ort, wo Menschen lebten. Diese Welt wurde symbolisch mit der Figur des Pumas verbunden. Die Inkas repräsentierten ihr Weltbild in diesen drei Tieren. Diese dreigeteilte Weltsicht spiegelte sich in der Architektur. In Machu Picchu symbolisiert beispielsweise der Tempel der drei Fenster diese Vision der Welt.

Zwei Beobachtungen stützen die Vermutung, dass Machu Picchu ein „heiliger Ort" gewesen ist. Die erste bezieht sich auf den Sonnenzyklus. Machu Picchu ist ideal gelegen, um den Lauf der Sonne zu beobachten. Die „heiligen Berge" am Horizont dienen hier als Bezugspunkte. Nach dem Glauben der Andenbevölkerung sind diese großen schneebedeckten Berge – heute Salkantay und La Veronica genannt – eigenständige Wesen, die sie „Apus" nannten. Sie bestimmen das Klima, die Fruchtbarkeit des Landes und die der Tiere. Apus sind für das Gleichgewicht von Natur und menschlicher Gesellschaft verantwortlich.

Die zweite Theorie gründet sich auf die Einheit von Licht und Schatten. Auf der Grundlage der Beobachtung und Messung von Licht und Schatten an Fenstern, Höhlen und Wasserquellen erstellten die Inkas einen Jahreskalender, der maßgeblich für die Landwirtschaft war. Ein Beispiel für solch ein antikes Messinstrument ist das Intihutana, ein ritueller Stein zur astronomischen Zeitbestimmung.

Der Inka-Pfad nach Machu Picchu

Zu Zeiten der Inkas war der Hauptzugang von Cusco nach Machu Picchu über eine wichtige Straße nach Ollantaytambo, einer Inka-Festung, möglich. Von dort aus führte die Straße durch eine Reihe von Dörfern und zeremoniellen Stätten, an denen Reinigungsrituale durchgeführt wurden, die notwendig waren, um in die Heilige Stadt zu gelangen.

D. S. Crescentino

Inka-Pfad von Machu Picchu zum Huayna Picchu-Zeremonienkomplex.

Bei dem Inka-Pfad – auf Quechua „Qhapaq Ñam" – handelt es sich um ein ausgedehntes Straßennetz, das auf alten Andenstraßen basiert und von den Inkas errichtet und administrativ geordnet wurde. Das Netz ist in zwei parallelen Längspfaden strukturiert, deren Achse die Anden sind. Ein Pfad erstreckt sich entlang der Küste und der andere entlang der hohen Berge, wobei Kreuzungen die wichtigsten Städte verbinden. Der „Camino Real" oder Inka-Pfad verband Quito in Ecuador mit Cusco. Das Straßennetz war mehr als 30.000 Kilometer lang. Durch dieses Straßennetz wurde von Cusco aus das Reich verwaltet. Der Inka-Pfad, der von Cusco nach Machu Picchu führte, war nur ein intraregionaler Teil dieses gigantischen Netzwerks.

Wikipedia

Inka-Pfad von Cusco nach Machu Picchu.

Die Heilige Stadt

Terrassen und Colcas

Steinplattformen befinden sich vor einer großen Mauer, die den landwirtschaftlichen vom städtischen Teil trennt. Bei den Plattformen handelt es sich um künstlich angelegte Terrassen, die es ermöglichen, steile Hänge zu befestigen und so umzubauen, dass darauf gebaut werden kann.

In Machu Picchu gibt es zwei Ebenen mit Plattformen. Auf den außerhalb gelegenen Plattformen wurden Lebensmittel für die Versorgung der Einwohner angebaut. Die innerhalb der Stadt gelegenen Plattformen wurden am Abgrund über dem Urubamba errichtet. Diese schmalen Terrassen und starke vertikale Mauern tragen das Gewicht der Gebäude.

D. S. Crescentino

Die Terrassen- oder landwirtschaftlichen Plattformen.

D. S. Crescentino

Landwirtschaftliche Plattformen und Colcas.

Das Konstruktionsverfahren erfolgte von unten nach oben. Zuerst wurden die vertikalen Stützmauern mit unbearbeiteten Steinblöcken unterschiedlicher Größe errichtet und durch Lehmmörtel miteinander verbunden. Zwischen diesen Wänden wurde die Plattform mit grobem Stein, grobem und feinem Kies, Sand und schließlich fruchtbarem Boden aufgefüllt. Sie verfügten auch über ein Drainagesystem dank der starken Regenfälle in der Gegend.

Auf den Plattformen standen die Colcas. Dies waren Scheunen, in denen getrocknete Lebensmittel gelagert und frische Lebensmittel einem Trocknungsprozess unterzogen wurden. In ihnen wurden Kartoffeln, Mais, Koka und Quinoa aufbewahrt. Gesalzenes und getrocknetes Fleisch wurde ebenfalls dort gelagert. Aufgrund der Möglichkeit, Lebensmittel zu konservieren und zu lagern, wurde die Gefahr einer Hungersnot bedingt durch Ernteverluste verringert.

Colcas sind rechteckige Steinhäuser, die in der gleichen Konstruktionstechnik wie die Plattformen hergestellt wurden. An ihrem Ende befanden sich ein oder zwei Ebenen, eine kleine Zugangstür und sorgfältig angeordnete Öffnungen, die eine Lüftung ermöglichten. Auch hier wurde eine Drainage eingebaut.

Das Stadtgebiet

Die Mauern wurden aus polygonalen Steinen gebaut, die an der Basis größer sind und mit zunehmender Höhe kleiner werden. Parallel zur Mauer befinden sich eine Steintreppe und ein Abflusskanal – der Trockengraben.

Die Tür selbst ist eine trapezförmige Öffnung, die aus Steinblöcken besteht. Diese Bauweise wird „Engastado" genannt. Sie besteht hauptsächlich aus rechteckigen Formen, die aus Steinblöcken gebildet werden. Diese halten ohne Mörtel zusammen. Diese Bautechnik des Quader- und Trockensteinmauerwerks war eine Spezialität der Inka-Architektur und ist den häufigen Erdbeben in der Region geschuldet. Strukturen ohne Mörtel sind wesentlich erdbebenresistenter.

Im städtischen Aufbau folgte Machu Picchu dem Modell von Cusco, der Hauptstadt des Reichs. Jede wichtige Inka-Stadt sollte einen Tempel zur Verehrung der Sonne, einen königlichen Palast, einen Acllawasi (Sektor, in dem die „Jungfrauen der Sonne" lebten), einen zentralen Platz, auf dem Zeremonien abgehalten wurden, und Verwaltungsgebäude entsprechend der Bedürfnisse des Glaubens besitzen. In Machu Picchu waren die Zeremonialgebäude jedoch größer im Verhältnis zur Größe der Stadt.

Die Stadt war in zwei Sektoren aufgeteilt: Ober-Hanan und Unter-Hurin, die die Welt der Götter der Ober- und Unterwelt spiegelte. Die Stadt verfügte über 172 Gebäude unterschiedlicher Form und Größe, die in Sektoren mit spezifischen

Haupttor, Trennmauer zwischen dem landwirtschaftlichen und dem städtischen Bereich und dem Trockenschacht.

Funktionen zusammengefasst werden können: religiöse, administrative, sowie Wohn- und Lagerbereiche. Diese sind durch Wege und 109 Steinstufen miteinander verbunden.

Die grundlegende Baueinheit ist die rechteckige Steinmauer. Die häufigste Form in der Inka-Architektur war die Kancha, eine rechteckige Anlage, in der drei oder mehr rechteckige Gebäude symmetrisch um einen zentralen Platz angeordnet wurden. Kancha-Einheiten dienten ganz unterschiedlichen Zwecken, da sie die Grundlage für einfache Wohnhäuser sowie Tempel bildeten.

„Solidität, Symmetrie, Einfachheit", so beschrieb Alexander von Humboldt die Inka-Konstruktionen in Ecuador und Peru 1802. Die Inkas mussten auf die seismische Instabilität des Geländes reagieren. Tatsächlich ereigneten sich laut jüngsten Untersuchungen zwei Erdbeben während der

Hinweisschild in Machu Picchu mit der Lage des Hauptgeländes.

Bauzeit. Dies zwang die Inka-Architekten, die verwendeten Techniken zu verfeinern.

Durch das Haupttor betritt man den städtischen Bereich, wobei zunächst jene Gebäude zu sehen sind, die mit Dienstleistungen in Verbindung standen: Ställe, Küchen, Werkstätten und Krankenzimmer. Es gibt noch einen weiteren Sektor, höher und links von der Eingangsstraße gelegen, der mit der Arbeit in den nahe gelegenen Steinbrüchen in Zusammenhang stand.

Auf dem höchsten Teil von Machu Picchu, auf einem durch Terrassen in eine Pyramide umgebauten Hügel, befindet sich das astronomische Observatorium „Intihuatana". Die Steine des Intihuatana wurden zur astronomischen Zeitbestimmung verwendet. Es handelt sich um einen großen, unregelmäßigen Stein mit polygonalen Formen. Von dort aus verfolgten die Inkas das ganze Jahr den Verlauf der Sonne, wobei Sonnenwenden und Tagundnachtgleiche präzise bestimmt wurden, um

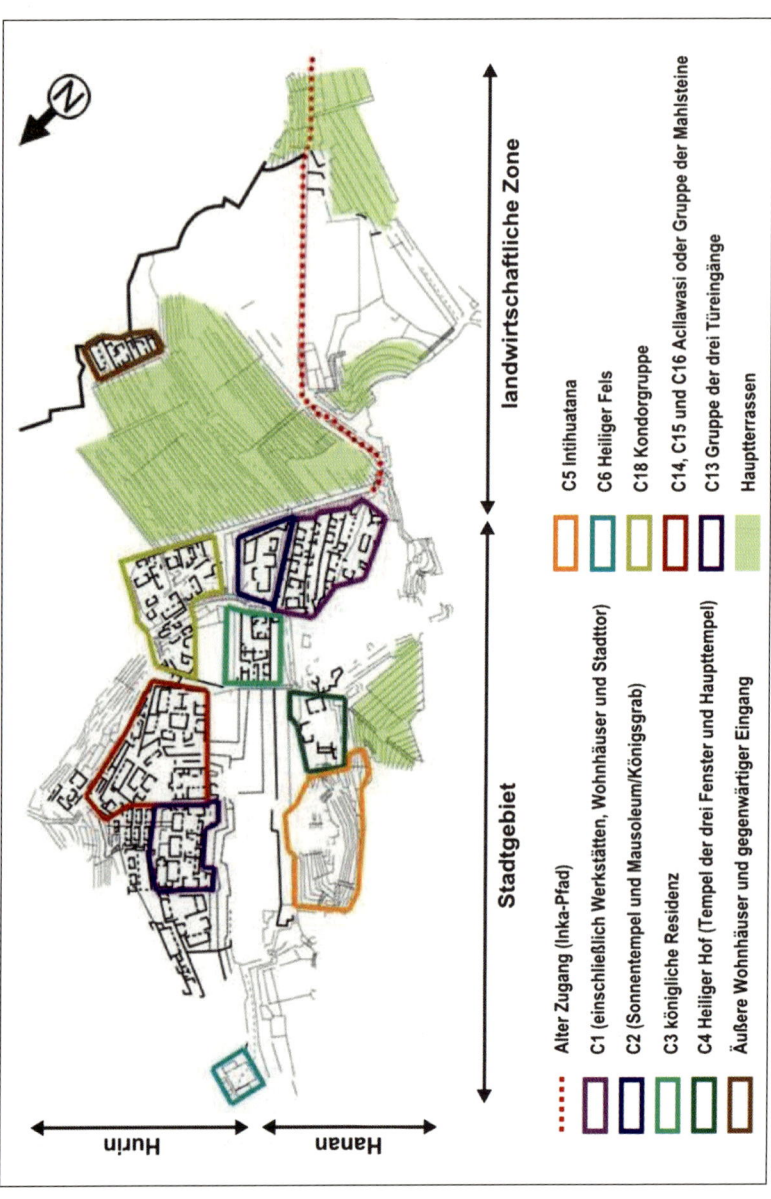

Wikipedia

Aufteilung der Anlage Machu Picchu.

Stadtgebiet

· · · · Alter Zugang (Inka-Pfad)

C1 (einschließlich Werkstätten, Wohnhäuser und Stadttor)

C2 (Sonnentempel und Mausoleum/Königsgrab)

C3 königliche Residenz

C4 Heiliger Hof (Tempel der drei Fenster und Haupttempel)

Äußere Wohnhäuser und gegenwärtiger Eingang

landwirtschaftliche Zone

C5 Intihuatana

C6 Heiliger Fels

C18 Kondorgruppe

C14, C15 und C16 Acllawasi oder Gruppe der Mahlsteine

C13 Gruppe der drei Türeingänge

Hauptterrassen

Hurin

Hanan

den landwirtschaftlichen Kalender festzulegen. Die Aufzeichnung der Sonnenwenden erfolgte mit Blick auf den Horizont bei Sonnenaufgang und -untergang.

Alle Aktivitäten der Inka-Gesellschaft wurden nach dem Sonnenkalender organisiert. Der wichtigste Moment war die Wintersonnenwende am 21. Juni. Die Inkas feierten an diesem Tag neben dem Neujahrsfest das wichtigste Fest in der Inka-Zeit: das „Inti Raymi", das „Fest der Sonne".

Im gleichen Sektor befindet sich auch der Heilige Platz mit dem Haupttempel und dem Tempel der drei Fenster, die vom Intihuatana aus über eine aus dem Felsen gehauene Treppe zu erreichen sind.

Beide Tempel waren der Sonne gewidmet. Durch die Fenster des Tempels der drei Fenster schienen die ersten Strahlen der Morgendämmerung und boten einen Blick auf die Stadt.

D. S. Crescentino

Intihuatana.

Tempel der drei Fenster.

Der Tempel ist ein rechteckiges Gebäude, eine einzelne Stein-
säule dient als Dachstütze – hergestellt aus großen, polygonalen Blöcken mit abgeschrägten Kanten. Diese ohne Mörtel
miteinander verbundenen trapezförmigen Inka-Fenster sind
erdbebensicher. In der Architektur wurden ausschließlich vertikale Elemente – Säulen und Wände – sowie horizontale Elemente – Balken – verwendet, um das Gewicht der Bauteile zu
verteilen. Ein weiteres Merkmal der Wände ist die leicht trapezförmige Form. In der Mitte des Tempels wurden die drei
Welten der Anden-Weltanschauung dargestellt.

Auf dem Bild zu sehen, ist der zentrale Platz von Machu Picchu. Links – außerhalb des Fotos – befinden sich der Intihuatana und der Heilige Platz mit seinen Tempeln. Das Vorgebirge
auf der rechten Seite ist der Huayna Picchu. Die Gebäude, die
sich neben der Treppe erheben, sind die sogenannte „Gruppe
der drei Türen", zu denen Wohnhäuser und Werkstätten gehören.

D. S. Crescentino

Der zentrale Platz.

Auf dem Bild sind außerdem Lamas zu sehen, das Haustier der Andenvölker. Das Lama ist vor sechs- oder siebentausend Jahren in den Anden domestiziert worden. Es dient als Fleisch-, Wolle-, Lederlieferant und als Packtier.

Auf der gesamten Ostseite des zentralen Platzes befinden sich neben der „Gruppe der drei Türen" eine große Anzahl von Wohn-, Werkstatt- und Gebäude für Zeremonien – darunter Tempel, Höhlen und heilige Felsen. Im oberen städtischen Sektor liegen der Königspalast mit seinen Innenhöfen, Zimmern und dem Obstgarten sowie der Sonnentempel – auch bekannt als Torreón. Es handelt sich um ein halbkreisförmiges Gebäude, das auf einem großen, soliden Felsen gebaut wurde. Durch seine trapezförmigen Fenster wurde die Beobachtung des Sonnenzyklus parallel zum Intihuatana durchgeführt. Die Wände bestehen aus polygonalen Blöcken mit fein gearbeiteten Kanten in perfekter Passform. Unter dem aus dem Felsen gehauenen Tempel befindet sich das königliche

Wikimedia

Oben der Sonnentempel und unten das königliche Mausoleum.

Mausoleum, in dem sich die Mumie von Pachacútec befunden haben soll.

Die religiösen Gebäude waren in vier Sektoren gruppiert. Der erste und wichtigste auf dem höchsten Punkt der Stadt war der Intihuatana – das astronomische Observatorium – und der Heilige Platz (auch Tempelplatz genannt) mit dem Haupttempel und dem Tempel der drei Fenster. Dieser Sektor war der Sonnenanbetung und der Welt der Götter der höheren Ebene gewidmet. Der zweite Sektor bestand aus dem Tempel der Sonne und dem königlichen Mausoleum – bezogen auf die Welt der Toten. Der dritte Sektor war der heilige Stein auf dem Weg zum Huayna Picchu am Ende des städtischen Sektors. Der vierte Sektor bestand aus den Höhlen auf der Ostseite mit ihrem Labyrinth und den Gräbern, die mit dem Totenkult in Verbindung standen.

Die Wasserversorgung

Wasser stellte für die Inkas eine Quelle der Spiritualität dar. Zwischen dem Sonnentempel und dem Königspalast befindet sich eine Treppe, die den westlichen und östlichen Sektor verbindet. Daneben schlängelt sich eine Reihe von sechzehn Quellen. Diese Brunnen versorgten jede der Terrassen der Stadt mit Wasser.

Die Wasserversorgung erfolgte über Quellen im Norden des Berges auf 2.458 Metern Höhe. Ebenso wichtig war ein effizientes Entwässerungsnetz. Dank dessen blieb die Stadt trotz der hohen Intensität der tropischen Regenfälle und der steilen Abhänge in den 400 Jahren ihrer Existenz unbeschädigt.

Wikimedia

Treppe und Wasserkanal zwischen dem Sonnentempel und der königlichen Residenz.

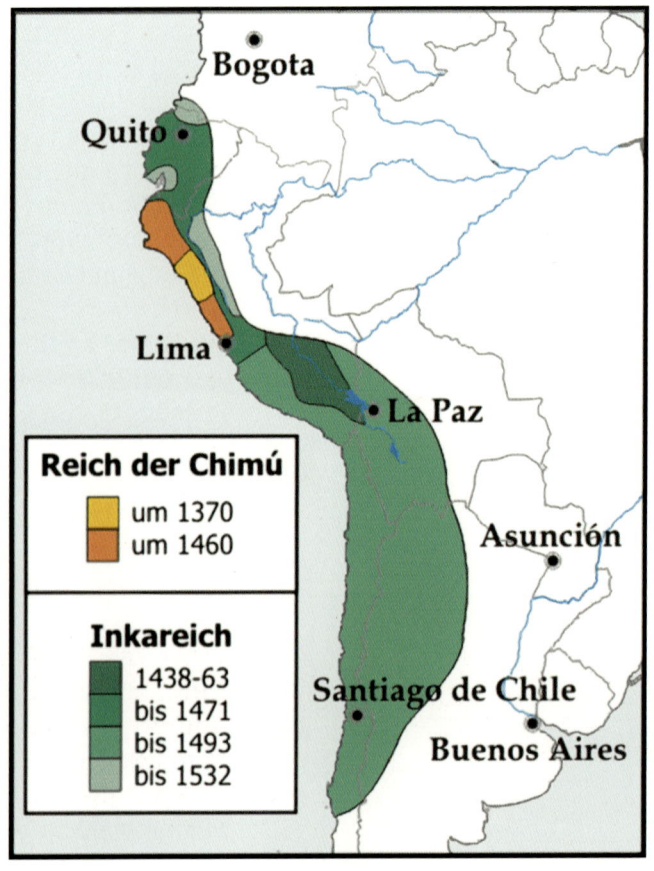

Reich der Chimú
um 1370
um 1460

Inkareich
1438-63
bis 1471
bis 1493
bis 1532

Wikipedia, Tzzzpfff

Das Inkareich.

Die Inkas

Es ist unmöglich, über Machu Picchu zu sprechen, ohne einen kurzen historischen Überblick über die Inkas zu geben. Die Inkas bildeten zwischen dem 13. und 16. Jahrhundert ein riesiges Reich. In seiner größten Ausdehnung erstreckte es sich über fast zwei Millionen Quadratkilometer und umfasste 6.000 Kilometer Küstenlinie. Es verlief vom östlichen Teil der Anden in Südamerika bis zur Pazifikküste. Die Inkas bildeten eine kleine Familiengruppe von Quechua – so der Name ihrer Sprache – im Süden Perus, die sich zu Beginn des 12. Jahrhunderts in Cusco niederließ und sich gegen andere dort ansässige ethnischen Gruppen durchsetzte.

Pachacútec, Zeichnung von Guaman Poma aus dem 17. Jahrhundert.

Mit der Hinrichtung des Inkas Atahualpa durch den spanischen Eroberer Francisco Pizarro im Jahr 1533 endete das Inkareich als solches. Eine kleine Gruppe rebellischer Inkas suchte jedoch Zuflucht im Vilcabamba-Gebirge, wo sie sich der spanischen Herrschaft bis 1572 widersetzten, bis sie gefangen genommen und hingerichtet wurden.

Die Regierungszeit von Pachacútec, dem neunten Inka der Dynastie, dauerte von 1438 bis 1471. Er war der große politische und administrative Organisator des Imperiums und derjenige, der die große Expansion des Reichs begann. In seiner Amtszeit fand die Annektierung des Heiligen Tals, einer Region von großer ökologischer Vielfalt und Reichtum statt – eine strategische Verbindung zwischen dem Anden-Altiplano, den Tälern und dem Amazonas. Er war der große Planer und Erbauer von Machu Picchu und aller archäologischen Stätten im Heiligen Tal sowie der Erweiterung und Umgestaltung von Cusco.

Machu Picchu und die Nachhaltigkeit

Wie zu Beginn erwähnt, befindet sich die Inka-Stadt im archäologischen Park von Peru, der 1981 geschaffen wurde. Seit dem Bekanntwerden der Existenz von Machu Picchu steht die Bedeutung des Tourismus gegenüber dem wissenschaftlichen Interesse und der Forschung im Vordergrund. 1983 wurde Machu Picchu von der UNESCO in die Liste des Weltkultur- und Weltnaturerbes aufgenommen.

Nach jüngster Einschätzung wurden Fortschritte bei der archäologischen Forschung in der Stadt und bei der Vermessung der mit ihr verbundenen archäologischen Stätten erzielt. Überlastung durch den Tourismus, Brände in den Gebieten aufgrund landwirtschaftlicher Aktivitäten sowie die Unvereinbarkeit des gegenwärtigen landwirtschaftlichen Systems mit der Natur bedrohen Machu Picchu.

Die ländliche Bevölkerung des Heiligtums ist stark indigen geprägt und lebt in Armut. Sie bewahrt die Sprache und den angestammten Glauben im Einklang mit der katholischen Religion. Zu den Tätigkeiten, die ihren Fortbestand sichern, zählen das Kunsthandwerk (Keramik und Weberei), die Landwirtschaft und die touristische Arbeit. Die politische Beteiligung indigener Gruppen oder ihre Integration findet nicht statt.

Machu Picchu als politisches und indigenes Symbol

Im 20. Jahrhundert wurde das Inkareich als Höhepunkt einer langen Entwicklung der andinen Zivilisation bewertet. Machu Picchu wurde zu einer Ikone der regionalen und nationalen Identität.

Peru hat eine multiethnische und multikulturelle Bevölkerung. Derzeit lebt aufgrund der Migrationsströme aus ländlichen in städtische und industrielle Gebiete mehr als die Hälfte der Bevölkerung des Landes an der peruanischen Küste, 32 Prozent im Gebirge und der Rest im Dschungel. Die ethnische Zusammensetzung Perus weist je nach Quelle sehr unterschiedliche Prozentsätze auf. Die starke Diskriminierung der indigenen Völker in der Kolonialgeschichte belastet diese zusätzlich. Vorurteile gegenüber dieser Gruppe bestehen bis heute in vielen Bereichen der Gesellschaft.

Für die ethnische Zuordnung berücksichtigt der peruanische Staat nur die Muttersprache. Demnach gehören rund 40 Prozent zur indigenen Bevölkerung, 38 Prozent sind Mestizen – vorwiegend spanischer und Quechua-Herkunft, 11 Prozent europäischer Herkunft, 6 Prozent afrikanischer Abstammung und der verbleibende Prozentsatz unbestimmter Herkunft.

Der Begriff „indigen" wird mehrdeutig verwendet. Bevölkerungsgruppen dieser Herkunft nutzen ihn zur Selbstidentifikation. Er kann auf die Herkunftsregion verweisen (Küste, Anden oder Dschungel), oder sich auf eine – meist kritische – Beziehung zur spanischen Kolonisation beziehen.

Der Indigenismus spielte eine wichtige Rolle in der Geschichte und der politischen Kultur Perus. Die ersten Quellen in Schriftform zur Geschichte des nicht spanischen Perus wurden von Indigenen und Mestizen wie Guaman Poma de Ayala und dem Inka Garcilaso de la Vega verfasst. Im 19. Jahrhundert waren politische und kulturelle Persönlichkeiten wie Manuel González Prada und Clorinda Matto de Turner Vorläufer des Indigenismus. Die Rolle dieser Intellektuellen war grundlegend für eine Bewegung, die die soziale Situation der indigenen Völker Perus und die halbfeudale Sozialstruktur (Gamonalismus), unter der ein großer Teil der Bevölkerung des Landes lebte, anzuprangern versuchte. Gegenwärtig ist eine gemeinsame Forderung der indigenen Völker, die Situation der Armut, in der sie leben, zu beenden.

Durch sein Werk „7 Essays über die Interpretation der peruanischen Realität" und die Zeitschrift „Amauta" wurde José Carlos Mariátegui zu einer der großen politischen Persönlichkeiten Lateinamerikas. Sein Aktivismus war von zentraler Bedeutung für die Integration von Intellektuellen aus allen Bereichen in einer indigenen nationalistischen Ideologie, die dem Marxismus nahesteht. Seine Ideen wurden von Victor Haya de la Torre, Gründer der Amerikanische Revolutionäre Volksallianz (APRA) und Vorsitzender der peruanischen Aprista-Partei, die während des gesamten 20. Jahrhunderts großes politisches Gewicht hatte, aufgenommen. 1969 gab es starke Forderungen seitens der indigenen Bevölkerung der Andenregion – hauptsächlich Quechua-Herkunft –, woraufhin der Begriff „Indio" oder „Eingeborener" – mit abwertender Bedeutung – offiziell in „Bauer" geändert wurde.

In Europa wird Machu Picchu gern als Ort indigener Selbstbehauptung gesehen. Vor Ort ist die Realität eine andere. Auf Grund komplexer politischer und sozialer Umstände gab es bis Ende des 20. Jahrhunderts keine bedeutenden indigenen Bewegungen. Dies ist darauf zurückzuführen, dass das „Indigene" an sich negativ besetzt ist. Alles, was mit „Indio" verbunden werden kann, gilt als Minderwertig. Wiederholte

Kampagnen des peruanischen Staates und Bemühungen der Zivilgesellschaft, dies zu ändern, haben bisher wenig bewirkt.

Seit der Jahrhundertwende besaßen mehrere Staatsoberhäupter die Quechua-Identiät – von Alejandro Toledo (erster Präsident Quechua-Herkunft zwischen 2001 und 2006) bis zu Ollanta Humala (erster Präsident mit Quechua- Familiennamen zwischen 2011 und 2016).

Auf staatlicher Ebene fallen Fragen im Zusammenhang mit indigenen Völkern in den Zuständigkeitsbereich des peruanischen Kulturministeriums. Die BDPI – Datenbank der indigenen oder ursprünglichen Völker – ist die offizielle Stelle für soziodemographische, statistische und geografische Informationen über indigene Völker. Bestimmende Bedingung dieser Völker ist die Armut, in der sie leben. Dies zieht soziale Ausgrenzung und politische Marginalisierung nach sich, die bis in die Kolonialzeit zurückreichen.

In diesem Heft lag bisher der Schwerpunkt auf der historischen, sozialen, wirtschaftlichen und politischen Bedeutung von Machu Picchu. Zum Abschluss stellt sich die Frage, welche Werte dieser Ort einer globalisierten Gesellschaft vermitteln kann.

Für viele Besucher Machu Picchus wird offensichtlich, dass die Andenvölker effizienter und schonender mit den Umweltressourcen umzugehen wussten als moderne Produktionsmethoden. Dies wird durch wissenschaftliche Untersuchungen bestätigt. Besonders die Nutzung von Wasser und Boden zur Lebensmittelproduktion wird als meisterhaft hervorgehoben. Weniger Aufmerksamkeit erregt bei den Besuchern die Tatsache, dass sich keine Inka-Ansiedlungen in Erdrutsch-Gefahrenzonen befinden. Erdrutsche sind im Andengebiet eine ausgeprägte Gefahr.

Heute ist Machu Picchu eine internationale Ikone, in der sich Naturerlebnis und Ökologie spiegeln. Für die Peruaner ist es ein Element ihrer Identität. Der Ort hebt das kleine Land international hervor und bietet die Möglichkeit der Identifikation mit einer indigenen Vergangenheit. Auch dann, wenn es keine Bezüge zum modernen politischen Indigenismus gibt.

Literatur

Bingham, Hiram. 1913. In the Wonderland of Perú. National Geographic. April. P. 387–573

Reinhardt, J. "Exploring an ancient sacred center". 4th. Revised Edition. Cotsen Institute of Archaeologist. University of California, Los Angeles.

Valcárcel, Luis E. "Machu Picchu. El más famoso monumento arqueológico del Perú". Ed. EUDEBA, Buenos Aires,1964.

Digital:

Geografía de Perú: https://carpetapedagogica.com/geografiadelperu

Historia Peruana: https://historiaperuana.pe/

Machu Picchu. Site oficial: https://www.machupicchu.gob.pe

Arguedas, JM. "El indigenismo en el Perú". Ed. J. Dávalos, 1979. Descargado en febrero 2020: http://ru.ffyl.unam.mx/bitstream/handle/10391/2999/55_CCLat_1979_Arguedas.pdf?sequence=1&isAllowed=y

Fernández Fontenoy, C. "Sistema político, indigenismo y movimiento campesino en el Perú". In: "Los movimientos sociales en las democracias andinas" [en línea]. Lima: Institut français d'études andines, 2000 (generado en marzo 2020). Disponible en: https://books.openedition.org/ifea/3695?lang=es

Perú.Ministerio del Ambiente y Ministerio de Cultura. Cusco. "Plan Maestro del Santuario Histórico de Machu Picchu. 2015–2019". Descargado en:

https://www.culturacusco.gob.pe/dmdocuments/machupicchu/DIAGNOSTICO_FINAL.pdf

Sánchez Garrafa, R. "Apus de los cuatro suyos. Construcción del mundo en los ciclos mitológicos de las deidades de montaña".

Wikipedia. "Demografía del Perú". Consultado en línea enero 2020. https://es.wikipedia.org/wiki/Demograf%C3%ADa_del_Per%C3%BA